|| श्री हनुमंताय नमः ||

हनुमान चालीसा

लेखक

डायमंड पॉकेट बुक्स

प्रकाशक : डायमंड पॉकेट बुक्स (प्रा.) लि.

ओखला इंडस्ट्रियल एरिया, फेज-II, नई दिल्ली-110020

फोन : 011-40712200

ई-मेल : sales@dpb.in

वेबसाइट : www.dpb.in

संस्करण : 2022

॥ श्री हनुमंताय नमः ॥

हनुमान चालीसा

तांत्रिक हनुमान पूजन मंत्र

यन्त्र पूजन विधि

प्रातः स्नान कर लाल वस्त्र धारण करें। फिर कुश या ऊन के आसन पर बैठकर हनुमानजी की मूर्ति या चित्र तथा पुस्तक में बने यंत्र को (भोजपत्र या ताम्रपत्र पर खुदवाकर) सामने रखें और सिंदूर, चावल, लाल पुष्प, धूप, दीप व अगरबत्ती प्रज्वलित कर पूजन करें। मोतीचूर (बूंदी) के लड्डू का भोग लगाएं। पुष्प हाथ में लेकर नीचे लिखा श्लोक पढ़ें-

अतुलित बलधामं हेम शैलाभदेहं,

दनुज - वन कृशानुं ज्ञानिनामग्रगण्यम् ।

सकल गुणनिधानं वानराणामधीशं,

रघुपति प्रियभक्तं वातजातं नमामि ॥

इसके बाद पुष्प अर्पण करके मन में हनुमानजी का ध्यान करते हुए हनुमान चालीसा का पाठ करें। अंत में लाल चंदन की माला से श्हं हनुमते रुद्रात्मकाय हुं फट्श मंत्र का १०८ बार जप करें।

श्री हनुमान चालीसा प्रारम्भ

|| दोहा ||

श्रीगुरु चरन सरोज रज निज मनु मुकुरु सुधारि।
बरनउँ रघुबर बिमल जसु जो दायकु फल चारि॥

श्री गुरु के चरण कमल के धूल से अपने मन रूपी दर्पण को निर्मल करके प्रभु श्रीराम के गुणों का वर्णन करता हूँ जो चारों प्रकार के फल (धर्म, अर्थ, काम और मोक्ष) देने वाला है।

बुद्धिहीन तनु जानिके सुमिरौं पवन-कुमार।
बल बुधि बिद्या देहु मोहिं हरहु कलेस बिकार।।

हे पवनपुत्र! मुझे बुद्धिहीन जानकार सुनिए और
बल, बुद्धि, विद्या दीजिये और मेरे क्लेश और
विकार हर लीजिये।

॥ चौपाई ॥

जय हनुमान ज्ञान गुन सागर।
जय कपीस तिहुँ लोक उजागर॥

ज्ञान गुण के सागर हनुमान जी की जय। तीनों लोकों को अपनी कीर्ति से प्रकाशित करने वाले कपीश की जय।

राम दूत अतुलित बल धामा।
अंजनि-पुत्र पवनसुत नामा॥

हे अतुलित! बल के धाम रामदूत हनुमान आप अंजनिपुत्र और पवनसुत के नाम से संसार में जाने जाते हैं।

महाबीर बिक्रम बजरंगी।
कुमति निवार सुमति के संगी।।

हे महावीर! आप वज्र के समान अंगों वाले हैं और अपने भक्तों की कुमति दूर करके उन्हें सुमति प्रदान करते हैं।

कंचन बरन बिराज सुबेसा।
कानन कुण्डल कुँचित केसा॥

आपके स्वर्ण के सामान कांतिवान शरीर पर सुन्दर वस्त्र सुशोभित हो रही है। आपके कानो में कुण्डल और बाल घुंघराले हैं।

हाथ बज्र औ ध्वजा बिराजै।
काँधे मूँज जनेउ साजै।।

आपने अपने हाथों में वज्र के समान कठोर गदा और ध्वजा धारण किया है। कंधे पर मुंज और जनेऊ भी धारण किया हुआ है।

शंकर सुवन केसरी नंदन।
तेज प्रताप महा जगबंदन॥

आप भगवान शंकर के अवतार और केसरीनन्दन हैं। आप परम तेजस्वी और जगत में वंदनीय हैं।

विद्यावान गुनी अति चातुर।
राम काज करिबे को आतुर॥

आप विद्यावान, गुनी और अत्यंत चतुर हैं और प्रभु श्रीराम की सेवा में सदैव तत्पर रहते हैं।

प्रभु चरित्र सुनिबे को रसिया।
राम लखन सीता मन बसिया॥

आप प्रभु श्रीराम की कथा सुनने के लिए सदा लालायित रहते हैं। राम लक्ष्मण और सीता सदा आपके हृदय में विराजते हैं।

सूक्ष्म रूप धरि सियहिं दिखावा।
विकट रूप धरि लंक जरावा।।

आपने अति लघु रूप धारण करके सीता माता को दर्शन दिया और विकराल रूप धारण करके लंका को जलाया।

भीम रूप धरि असुर सँहारे।
रामचन्द्र के काज सँवारे॥

आपने विशाल रूप धारण करके असुरों का संहार किया और श्रीराम के कार्य को पूर्ण किया।

लाय संजीवन लखन जियाए।
श्रीरघुबीर हरषि उर लाये॥

आपने संजीवनी बूटी लाकर लक्ष्मण के प्राणों की रक्षा की। इस कार्य से प्रसन्न होकर प्रभु श्रीराम ने आपको हृदय से लगाया।

रघुपति कीन्हीं बहुत बड़ाई।
तुम मम प्रिय भरतहि सम भाई।।

भगवान श्रीराम ने आपकी बहुत प्रसंशा की और कहा कि हे हनुमान तुम मुझे भरत के समान ही अत्यंत प्रिय हो।

सहस बदन तुम्हरो जस गावैं।
अस कहि श्रीपति कण्ठ लगावैं।।

हजार मुख वाले शेषनाग तुम्हारे यश का गान करें
ऐसा कहकर श्रीराम ने आपको गले लगाया।

सनकादिक ब्रह्मादि मुनीसा।
नारद सारद सहित अहीसा॥

सनत् आदि मुनि, ब्रह्मा आदि देवता एंव शेषनागजी सभी आपका गुणगान करते हैं।

जम कुबेर दिक्पाल जहां ते।
कवि कोविद कहि सके कहां ते॥

यम, कुबेर, दिक्पाल, कवि और विद्वान-कोई भी आपके यश का पूरी तरह वर्णन नहीं कर सकते।

तुम उपकार सुग्रीवहिं कीन्हा।
राम मिलाय राजपद दीन्हा।।

आपने सुग्रीव पर उपकार किया और उन्हें राम से मिलाया और राजपद प्राप्त कराया।

तुम्हरो मंत्र विभीषन माना।
लंकेश्वर भए सब जग जाना।।

आपके सलाह को मानकर विभीषण लंकेश्वर हुए
ये सारा संसार जानता है।

जुग सहस्र योजन पर भानू।
लील्यो ताहि मधुर फल जानू।।

हे हनुमान जी! आपने बाल्यावस्था में ही हजारों योजन दूर स्थित सूर्य को मीठा फल जानकर खा लिया था।

प्रभु मुद्रिका मेलि मुख माहीं।
जलधि लांघि गए अचरज नाहीं॥

आपने भगवान राम की अंगूठी अपने मुख में रख कर विशाल समुद्र को लाँघि गए थे तो इसमें कोई आश्चर्य नहीं।

दुर्गम काज जगत के जेते।
सुगम अनुग्रह तुम्हरे तेते॥

संसार में जितने भी दुर्गम कार्य हैं वे आपकी कृपा से सरल हो जाते हैं।

राम दुआरे तुम रखवारे।
होत न आज्ञा बिनु पैसारे।।

भगवान राम के द्वारपाल आप ही हैं आपकी आज्ञा के बिना उनके दरबार में प्रवेश नहीं मिलता।

सब सुख लहैं तुम्हारी सरना।
तुम रक्षक काहू को डरना।।

आपकी शरण में आए हुए को सब सुख मिल जाते हैं। आप जिसके रक्षक हैं उसे किसी का डर नहीं।

आपन तेज सम्हारो आपै।
तीनों लोक हांक तें कांपै।।

हे महावीर! अपने तेज के बल को स्वयं आप ही संभाल सकते हैं। आपकी एक हुंकार से तीनो लोक कांपते हैं।

भूत पिशाच निकट नहिं आवै।
महावीर जब नाम सुनावै॥

आपका नाम मात्र लेने से भूत पिशाच भाग जाते हैं और नजदीक नहीं आते।

नासै रोग हरे सब पीरा।
जपत निरन्तर हनुमत बीरा।।

हनुमान जी के नाम का निरंतर जप करने से सभी प्रकार के रोग और पीड़ा नष्ट हो जाते हैं।

संकटों ते हनुमान छुड़ावै।
मन-क्रम-वचन ध्यान जो लावै॥

जो भी मन क्रम और वचन से हनुमान जी का ध्यान करता है वो संकटों से बच जाता है।

सब पर राम तपस्वी राजा।
तिन के काज सकल तुम साजा।।

जो राम स्वयं भगवान हैं उनके भी समस्त कार्यों का संपादन आपके ही द्वारा किया गया।

और मनोरथ जो कोई लावै।
सोई अमित जीवन फल पावै।।

हे हनुमान जी आप भक्तों के सब प्रकार के मनोरथ पूर्ण करते हैं।

चारों जुग परताप तुम्हारा।
है परसिद्ध जगत उजियारा।।

हे हनुमान जी! आपके नाम का प्रताप चारो युगों (सतयुग, त्रेता , द्वापर और कलियुग) में है।

साधु सन्त के तुम रखवारे।
असुर निकन्दन राम दुलारे।।

आप साधु संतों के रखवाले, असुरों का संहार करने वाले और प्रभु श्रीराम के अत्यंत प्रिय हैं।

अष्ट सिद्धि नव निधि के दाता।
अस वर दीन जानकी माता।।

आप आठों प्रकार के सिद्धि और नौ निधियों के प्रदाता हैं और ये वरदान आपको जानकी माता ने दिया है।

राम रसायन तुम्हरे पासा।
सदा रहो रघुपति के दासा॥

आप अनंत काल से प्रभु श्रीराम के भक्त हैं और राम नाम की औषधि सदैव आपके पास रहती है।

तुम्हरे भजन राम को पावै।
जनम-जनम के दुख बिसरावै॥

आपकी भक्ति से जन्म जन्मांतर के दुखों से मुक्ति देने वाली प्रभु श्रीराम की कृपा प्राप्त होती है।

अन्तकाल रघुबरपुर जाई।
जहां जन्म हरि-भक्त कहाई।।

वो अंत समय में मृत्यु के बाद भगवान के लोक में जाता है और जन्म लेने पर हरि भक्त बनता है।

और देवता चित्त न धरई।
हनुमत सेइ सर्व सुख करई।।

किसी और देवता की पूजा न करते हुए भी सिर्फ आपकी कृपा से ही सभी प्रकार के फलों की प्राप्ति हो जाती है।

संकट कटै मिटै सब पीरा।
जो सुमिरै हनुमत बलबीरा।।

जो भी व्यक्ति हनुमान जी का ध्यान करता है उसके सब प्रकार के संकट और पीड़ा मिट जाते हैं।

जय जय जय हनुमान गोसाईं।
कृपा करहु गुरुदेव की नाईं।।

हे हनुमान गोसाईं आपकी जय हो। आप मुझ पर गुरुदेव के समान कृपा करें।

जो शत बार पाठ कर कोई।
छूटहि बन्दि महासुख होई॥

जो इस हनुमान चालीसा का सौ बार पाठ करता है उसके सारे कष्ट दूर हो जाते हैं और उसे महान सुख की प्राप्ति होती है।

जो यह पढ़ै हनुमान चालीसा।
होय सिद्धि साखी गौरीसा।।

जो इस हनुमान चालीसा का पाठ करता है उसे निश्चित ही सिद्धि की प्राप्ति होती है, इसके साक्षी स्वयं भगवान शिव हैं।

तुलसीदास सदा हरि चेरा।
कीजै नाथ हृदय महं डेरा॥

हे हनुमान जी, तुलसीदास सदैव प्रभु श्रीराम का भक्त है ऐसा समझकर आप मेरे हृदय में निवास करें।

पवन तनय संकट हरण, मंगल मूरति रूप।
रामलखन सीता सहित, हृदय बसहु सुर भूप॥

हे मंगल मूर्ति पवनसुत हनुमान जी, आप मेरे हृदय में राम लखन सीता सहित निवास कीजिये।

संकटमोचन हनुमानाष्टक

बाल समय रवि भक्षी लियो तब, तीनहुं लोक भयो अंधियारों।

ताहि सों त्रास भयो जग को, यह संकट काहु सों जात न टारो।

देवन आनि करी बिनती तब, छाड़ी दियो रवि कष्ट निवारो।

को नहीं जानत है जग में कपि, संकटमोचन नाम तिहारो॥ १॥

बालि की त्रास कपीस बसैं गिरि, जात महाप्रभु पंथ निहारो।

चौंकि महामुनि साप दियो तब, चाहिए कौन बिचार बिचारा।

कैद्विज रूप लिवाय महाप्रभु, सो तुम दास के सोक निवारो।

को नहीं जानत है जग में कपि, संकटमोचन नाम तिहारो॥ १॥

अंगद के संग लेन गए सिय, खोज कपीस यह बैन उचारो।

जीवत ना बचिहौ हम सो जु, बिना सुधि लाये इहाँ पगु धारो।

हेरी थके तट सिन्धु सबे तब, लाए सियाख्रसुधि प्राण उबारो।

को नहीं जानत है जग में कपि, संकटमोचन नाम तिहारो॥ १॥

रावण त्रास दई सिय को सब, राक्षसी सों कही सोक निवारो।

ताहि समय हनुमान महाप्रभु, जाए महा रजनीचर मरो।

चाहत सीय असोक सों आगि सु, दै प्रभुमुद्रिका सोक निवारो।

को नहीं जानत है जग में कपि, संकटमोचन नाम तिहारो॥१॥

बान लग्यो उर लछिमन के तब, प्राण तजे सूत रावन मारो।

लै गृह बैद्य सुषेन समेत, तबै गिरि द्रोण सु बीर उपारो।

आनि सजीवन हाथ दिए तब, लछिमन के तुम प्राण उबारो।

को नहीं जानत है जग में कपि, संकटमोचन नाम तिहारो॥१॥

रावन जुध अजान कियो तब, नाग कि फाँस सबै सिर डारो।

श्रीरघुनाथ समेत सबै दल, मोह भयो यह संकट भारो।

आनि खगेस तबै हनुमान जु, बंधन काटि सुत्रास निवारो।

को नहीं जानत है जग में कपि, संकटमोचन नाम तिहारो॥१॥

बंधू समेत जबै अहिरावन, लै रघुनाथ पताल सिधारो।

देबिन्हीं पूजि भलि विधि सों बलि, देउ सबै मिलि मन्त्र विचारो।

जाये सहाए भयो तब ही, अहिरावन सैन्य समेत संहारो।

को नहीं जानत है जग में कपि, संकटमोचन नाम तिहारा॥ १॥

काज किये बड़ देवन के तुम, बीर महाप्रभु देखि बिचारो।

कौन सो संकट मोर गरीब को, जो तुमसे नहिं जात है टारो।

बेगि हरो हनुमान महाप्रभु, जो कछु संकट होए हमारो।

को नहीं जानत है जग में कपि, संकटमोचन नाम तिहारो॥ १॥

॥ दोहा ॥

लाल देह लाली लसे, अरु धरि लाल लंगूर।

वज्र देह दानव दलन, जय जय जय कपि सूर॥

श्री हनुमानजी की आरती

आरती कीजै हनुमान लला की, दुष्ट दलन रघुनाथ कला की।

जाके बल से गिरिवर कांपें, रोग दोष जाके निकट न झांके।

अंजनि पुत्र महा बलदाइ, सन्तन के प्रभु सदा सहाई।

दे बीरा रघुनाथ पठाए, लंका जारि सिया सुधि लाए।

लंका सो कोट समुद्र-सी खाई, जात पवनसुत बार न लाई।

लंका जारि असुर संहारे, सियारामजी के काज सवार।

लक्ष्मण मूर्छित पड़े सकारे, आनि संजीवन प्राण उबारे।

पैठि पाताल तोरि जम-कारे, अहिरावण की भुजा उखार।

बाएं भुजा असुरदल मार, दाहिने भुजा संतजन तारे।

सुर नर मुनि आरती उतारें, जय जय जय हनुमान उचारें।

कंचन थार कपूर लौ छाई, आरती करत अंजना माई।

जो हनुमानजी की आरती गावे, बसि बैकुण्ठ परम पद पावे।

आरती कीजै हनुमान लला की, दुष्ट दलन रघुनाथ कला की।

श्री बजरंग बाण

॥ दोहा ॥

निश्चय प्रेम प्रतीति ते, विनय करैं सनमान।
तेहि के कारज सकल शुभ, सिद्ध करैं हनुमान॥

जय हनुमन्त सन्त हितकारी। सुनि लीजै प्रभु अरज हमारी॥

जन के काज विलम्ब न कीजै। आतुर दौरि महा सुख दीजै॥

जैसे कूदि सिन्धु वहि पारा। सुरसा बदन पैठि बिस्तारा॥

आगे जाय लंकिनी रोका। मारेहु लात गईं सुर लोका॥

जाय विभीषण को सुख दीन्हा। सीता निरखि परम पद लीन्हा॥

बाग उजारि सिन्धु महं बोरा। अति आतुर यम कातर तोरा॥

अक्षय कुमार मारि संहारा। लूम लपेटि लंक को जारा॥

लाह समान लंक जरि गई। जय जय धुनि सुर पुर महं भई॥

अब विलम्ब केहि कारण स्वामी। कृपा करहुं उर अन्तर्यामी॥

जय जय लक्ष्मण प्राण के दाता। आतुर होइ दुःख हरहुं निपाता॥

जय गिरिधर जय जय सुख सागर। सुर समूह समरथ भटनागर॥

ॐ हनु हनु हनु हनु हनुमन्त हठीले। बैरिहिं मारू बज्र की कीले॥

गदा बज्र लै बैरिहिं मारो। महाराज प्रभु दास उबारो॥

ॐ कार हुंकार महाप्रभु धावो। बज्र गदा हनु विलम्ब न लावो॥

ॐ ह्रीं ह्रीं ह्रीं हनुमन्त कपीसा। ॐ हुं हुं हुं हनु अरि उर शीशा॥

सत्य होउ हरि शपथ पायके। रामदूत धरु मारु धाय के॥

जय जय जय हनुमन्त अगाधा। दुःख पावत जन केहि अपराधा॥

पूजा जप तप नेम अचारा। नहिं जानत कछु दास तुम्हारा॥

वन उपवन मग गिरि गृह माहीं। तुमरे बल हम डरपत नाहीं॥

पाय परौं कर जोरि मनावों। यह अवसर अब केहि गोहरावों॥

जय अंजनि कुमार बलवन्ता। शंकर सुवन धीर हनुमन्ता॥

बदन कराल काल कुल घालक। राम सहाय सदा प्रतिपालक॥

भूत प्रेत पिशाच निशाचर। अग्नि बैताल काल मारीमर॥

इन्हें मारु तोहि शपथ राम की। राखु नाथ मरजाद नाम की॥

जनकसुता हरि दास कहावो। ताकी शपथ विलम्ब न लावो॥

जय जय जय धुनि होत अकाशा। सुमिरत होत दुसह दुःख नाशा॥

चरण शरण करि जोरि मनावों। यहि अवसर अब केहि गोहरावों॥

उठु उठु चलु तोहिं राम दुहाई। पांय परौं कर जोरि मनाई॥

ॐ चं चं चं चं चपल चलन्ता। ॐ हनु हनु हनु हनु हनुमन्ता॥

ॐ हं हं हांक देत कपि चञ्चल। ॐ सं सं सहम पराने खल दल॥

अपने जन को तुरत उबारो। सुमिरत होय आनन्द हमारो॥

यहि बजरंग बाण जेहि मारो। ताहि कहो फिर कौन उबारो॥

पाठ करै बजरंग बाण की। हनुमत रक्षा करै प्राण की॥

यह बजरंग बाण जो जापै। तेहि ते भूत प्रेत सब कांपे॥

धूप देय अरु जपै हमेशा। ताके तन नहिं रहे कलेशा॥

॥ दोहा ॥

प्रेम प्रतीतिहिं कपि भजै, सदा धरै उर ध्यान।

तेहि के कारज सकल शुभ, सिद्ध करैं हनुमान॥

श्री रामचंद्र जी की आरती

श्री राम चंद्र कृपालु भजमन हरण भाव भय दारुणम्।

नवकंज लोचन कंज मुखकर, कंज पद कन्जारुणम्॥

कंदर्प अगणित अमित छवी नव नील नीरज सुन्दरम्।

पट्पीत मानहु तडित रूचि शुचि नौमी जनक सुतावरम्॥

भजु दीन बंधु दिनेश दानव दैत्य वंश निकंदनम्।

रघुनंद आनंद कंद कौशल चंद दशरथ नन्दनम्॥

सिर मुकुट कुण्डल तिलक चारु उदारू अंग विभूषणं।

आजानु भुज शर चाप धर संग्राम जित खर-धूषणं॥

इति वदति तुलसीदास शंकर शेष मुनि मन रंजनम्।

मम हृदय कुंज निवास कुरु कामादी खल दल गंजनम्॥

मनु जाहिं राचेऊ मिलिहि सो बरु सहज सुंदर सावरों।

करुना निधान सुजान सिलू सनेहू जानत रावरो॥

एही भांती गौरी असीस सुनी सिय सहित हिय हरषी अली।

तुलसी भवानी पूजि पूनी पूनी मुदित मन मंदिर चली।।

जानि गौरी अनुकूल सिय हिय हरषु न जाइ कहि।

मंजुल मंगल मूल वाम अंग फरकन लगे।।

एक श्लोकी रामायण

आदौ राम तपोवनादि गमनं, हत्वा मृगं कांचनम्।

वैदीही हरणं जटायु मरणं, सुग्रीव संभाषणम्।।

बाली निर्दलनं समुद्र तरणं, लंका पुरी दाहनम्।

पश्चाद् रावण कुम्भकर्ण हननं, एतद्धि रामायणम्।।

श्री हनुमत् स्तवन

सो०- प्रनवउं पवनकुमार खल बन पावक ज्ञानघन।

जासु हृदय आगार बसहिं राम सरचाप धर॥

अतुलित बलधामं हेमशैलाभदेहम्।

दनुजवनकृशानुं ज्ञानिनामग्रगण्यम्॥

सकलगुणनिधानं वानराणामधीशम्।

रघुपतिप्रियभक्तं वातजातं नमामि॥

गोष्पदीकृतवारीशं मशकीकृतराक्षसम्।

रामायणमहामालारत्नं वन्देऽनिलात्मजम्॥

अञ्जनानन्दनं वीरं जानकीशोकनाशम्।

कपीशमक्षहन्तारं वन्दे लङ्काभयङ्करम्॥

उल्लङ्घ्य सिन्धोः सलिलं सलीलं यः शोकवह्निं जनकात्मजायाः।

आदाय तेनैव ददाह लङ्कां नमामि तं प्राञ्जलिराञ्जनेयम्॥

मनोजवं मारुततुल्यवेगं जितेन्द्रियं बुद्धिमतां वरिष्ठम्।

वातात्मजं वानरयूथमुख्यं श्रीरामदूतं शरणं प्रपद्ये॥

आञ्जनेयमतिपाटलाननं काञ्चनाद्रिकमनीयविग्रहम्।

पारिजाततरुमूलवासिनं भावयामि पवमाननन्दनम्॥

यत्र-यत्र रघुनाथकीर्तनं तत्र-तत्र कृतमस्तकाञ्जलिम्।

बाष्पवारिपरिपूर्णलोचनं मारुतिं नमत राक्षसान्तकम्॥

हनुमान जी के 13 नाम और उनके अर्थ

1) हनुमान - जिनकी ठोड़ी टूटी हो

2) रामेष्ट - श्री राम भगवान के भक्त

3) उधिकर्मण - उद्धार करने वाले

4) अंजनीसुत - अंजनी के पुत्र

5) फाल्गुनसखा - फाल्गुन अर्थात् अर्जुन के सखा

6) सीतासोकविनाशक - देवी सीता के शोक का विनाश करने वाले

7) वायुपुत्र - हवा के पुत्र

8) पिंगाक्ष - भूरी आँखों वाले

9) लक्ष्मण प्राणदाता - लक्ष्मण के प्राण बचाने वाले

10) महाबली - बहुत शक्तिशाली वानर

11) अमित विक्रम - अत्यन्त वीरपुरुष

12) दशग्रीव दर्पः - रावण के गर्व को दूर करने वाले

13) वानरकुलथिन थोंडैमान - वानर वंश (तमिल) के वंशज

- हनुमान जी के तेरह नामों का नित्य नियम से पाठ करने से मनोकामना पूर्ण होती हैं।

- प्रातः काल उठते ही हनुमान जी के तेरह नामों का 11 बार पाठ करने वाला व्यक्ति दीर्घायु होता है।

- दोपहर के समय हनुमान जी के तेरह नामों के पाठ करने से लक्ष्मी जी की प्राप्ति होती हैं। धन-धान्य की वृद्धि होती है और घर में संपन्नता रहती हैं।

- संध्याकाल हनुमान जी के तेरह नामों का पाठ करने से पारिवारिक सुखों की प्राप्ति होती है।

- रात को सोते समय हनुमान जी के तेरह नामों का जाप करने से शत्रु का नाश होता है।

- मंगलवार को ये तेरह नाम लाल स्याही से भोजपत्र पर लिख कर तावीज बनाकर बाजु पर बंधने से कभी सिर दर्द नहीं होता तथा शनिदेव की साढ़े साती और अढ़ईया से मुक्ति मिलती है।